詩국선언

詩국선언

강진모 시집

책나무출판사

| 목차 |

남도의 시인	·010
택배	·012
시인의 부인	·013
그리운 얼굴	·014
삼각관계	·015
청라언덕	·016
詩국 선언	·018
엑스터詩	·020
참을 수 없는 존재의 가려움	·021
뜨거운 노래는 가슴에 묻는다	·022
수채화	·024
너와집	·026
모르모트	·027
아파트	·028
예쁜 그림이 밉다	·030
옥희	·031
잃어버린 시를 찾아서	·032
저항령	·034
조지는 오웰이고 올더스는 헉슬리다	·036

청혼	· 038
한가위	· 040
고등어	· 041
기자조선	· 042
우주정류장	· 043
김해경 씨의 이상한 연구	· 044
꽃등에	· 046
꽃은 피다	· 047
내 이름은 빨강	· 048
말랑말랑한 말들	· 051
들불 야학	· 052
도문리	· 054
베쓰	· 056
별들의 침묵	· 058
분서	· 060
빛은 빚이다	· 062
사려니 숲	· 064
북 치는 소년	· 066
새들은 목포로 가서 죽다	· 067

서울에서의 마지막 탱고	·068
세상이 멈춘 순간	·070
세잔	·071
습가	·072
쌍방울	·074
생각대로 되지 않음의 은총	·075
어른 면허증	·076
잃어버린 방독면을 찾아서	·078
전갈	·079
천치창조	·080
탈것 속에 탈것들이	·082
처용	·085
풍속도	·086
피리	·088
살빛	·089
곰	·090
만원버스	·092
민식이	·094
믿음직	·096

비밀	·097
사투리	·098
새벽의 새들	·099
시간이 많은 사람	·100
시집간 누이	·102
마음시장	·103
아담	·104
아우내 장터	·106
알려 드립니다	·108
오늘의 메뉴	·109
옥저	·110
잃어버린 씨를 찾아서	·112
환생	·114
南北끄러운	·115
詩間	·116
노인	·118
말	·119

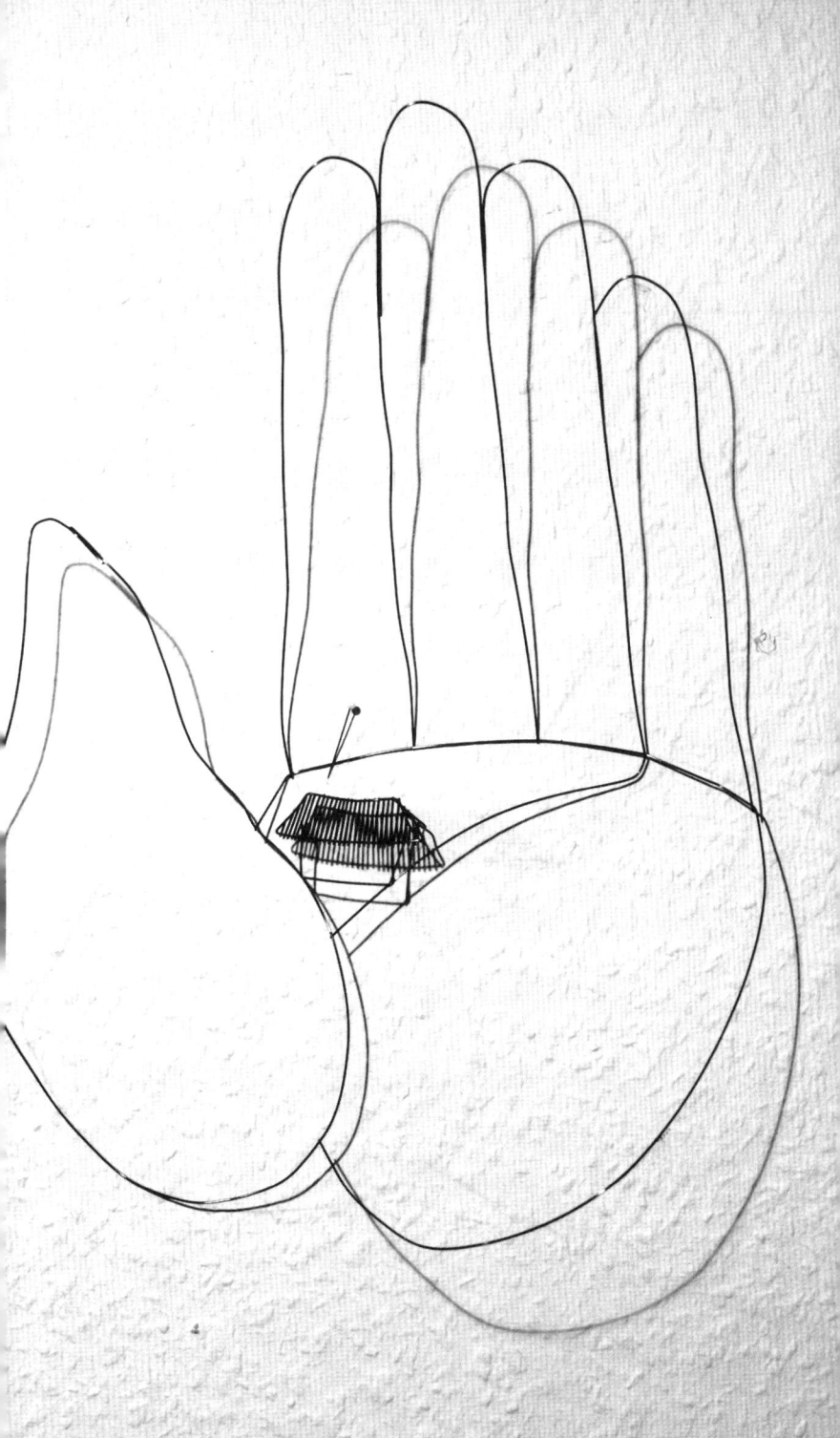

남도의 시인

산은 섬이 되어 있었다
운해를 내려다보는 시인에게
아침 인사를 하자 시인은
잠은 잘 잔다고 말했다

잘 자는 것도 공부라고 말했다
깨어 있는 것도 공부요, 자는 것도
공부요, 모든 것이 공부라고 말했다
산을 오르는 것도 물론 공부였다

우리는 공부를 위해 길을 나섰다
벽소령은 군사도로가 되어 있었다
비포장도로 위에 내린 별빛들은
날이 밝자 산국화로 피어나 있었다

잘 죽으려면 잘 살아야 하드끼
깨어 있으려면 잘 자는 것이 중요하고
잘 자려면 번민을 물리칠 수 있어야 하고
그러려면 마음의 여유가 있어야 한다고 했다

마음의 여유가 있어서 시를 읽는 거시 아닌 거시여
마음의 여유를 얻으려고 시를 읽는 것이랑게

택배

미래가 발송됐다 해서 가슴이 두근거렸다
도착한 소포를 뜯어보니 현재가 들어 있었다
속았다는 느낌을 피할 수가 없었다

미래라는 이름의 슈뢰딩거의 고양이는
상자가 열리는 순간 현재가 된다
혹시나는 언제나 역시나가 된다

미래를 눈이 빠지게 기다리지 않기로 했다
미래가 우리에게 해줄 수 있는 것은 아무것도 없다
미래는 지금 여기 우리가 하는 일의 결과로서 온다

시인의 부인

감히 시인이 될 생각은 못 했다
시인의 마을에라도 살고 싶어서
시인의 부인이 되어 수발하였다

꽃은 못 되더라도 꽃의 뿌리와 잎과
꽃자리라도 되는 게 어디냐 싶었다

그러나 시인이 시는 아니 쓰고
몰려다니며 술을 퍼마셔 힘들었다고
부인은 시인했고 시인은 부인했다
(술 권하는 사회가 문제라고 시인은 말했다)

김칫독이 얼어 터질 어느 추운 겨울밤
시인을 떠메고 온 친구들이 미웠다고
얼어 죽지 않도록 업어 와 고마웠다고
시인의 부인은 시인했다

그리운 얼굴

수도약국 앞에서 만나기로 하였다
이름 모를 얼굴들이 흘러오고 흘러갔다
한 얼굴이 다른 얼굴에게 말하며 지나갔다

*얼굴은 얼의 꼴이라는 뜻이지, 그러니까
얼이 썩으면 어리석다는 말을 듣는 거야*

얼굴의 숲에는 옛 얼굴 찾기라는 프로그램이 있었다
서로 이름만 부르던 사이라서 성이 떠오르지 않았다
그리하여 지바퀴는 똥구리라는 이름을 올려 보았다

수많은 똥구리가 있었다. 창신초등 69년 졸업이라고
제한해 보았더니 여섯 명의 똥구리가 있었는데
연락이 닿는 똥구리는 하나밖에 없었다

개똥구리와 말똥지바퀴의 늦은 재회는 그렇게
시작되었다 가상의 인물들이 만나고 헤어지는
메타버스의 흔한 풍경이었다 인물들은
가상이었지만 그리움은 진짜였다

삼각관계

현재는 복잡한 캐릭터이다
친교 관계도 엄청 복잡하다
과거와 미래도 현재의 친구다

그들이 삼각관계라는 사실은
모르는 사람 빼놓곤 다 안다

현재는 미래를 선택했지만
과거가 있는 사람이기 때문에
둘 사이에서 갈팡질팡했다

그러나 나이가 들수록 현재는
과거에게로 돌아가고 싶다

청라언덕

독립군이 환생한 듯한 사람들이 있다
그중 한 사람은 대구에 산다
하필 대구에 사는 이유는
그곳에 독립군들이 가장 많이
필요하기 때문인지도 모른다

고담 도시의 교단에 서서
광복을 위해 외로운 싸움을
하는 그를 아는 사람은 다 안다
그는 오늘도 청라언덕에 올라
아래 같은 꽃소식을 전한다

'대구 청라언덕의 4월 풍경입니다.
대구 3.8만세운동이 일어났던 곳이지요.
(만세를 외치는) 그 목소리, 우렁찼겠지만
많이 떨렸을 거 같아요…'
떨렸을 거 같다는 그의 말이 귀에 밟힌다
속으로는 여린 사람이 어떻게 시대를 거꾸로
가는 도시를 견뎌내는지 궁금하다

'봄의 교향악이 울려 퍼지면' 하고 시작되는
'동무 생각'을 통해 친숙해진 청라언덕을
찍은 그의 사진에는 벚꽃이 만발하였다
언덕이 높아서 햇살이 오래 머문다는
그 언덕 위 눈부신 벚꽃 맞은편에는
사철 푸른 대나무들이 의연히 맞서
사쿠라와 대나무숲의 긴장이 팽팽하다

도척은 천수를 누리고 의인들은 요절하는데
세상이 급격히 나빠지지 않는 것을 보면
의인들도 환생한다는 생각이 든다

詩국 선언

정신과 물질의 균형을 잃고
기울어가는 배를 구하기 위해
우리들은 오늘 여기에 모여
비상 詩국을 선언합니다

말을 지켜야 할 마부가
독이 든 사과를 말에게 먹여
개돼지를 만드는 만화 같은 시국을
모른 체할 수 없어 우리들은
詩민군의 깃발 아래 모였습니다

마르틴 하이데거가 말했듯
말은 존재의 집이므로
말을 버리면 소가 됩니다

말이 거침없이 내달아야 할
벌판이 철조망으로 막히고
마구간은 외양간이 되었는데
돌아앉아 꽃을 노래할 수 없음에
모든 권력은 詩로부터 나온다고

믿는 우리들은 오늘 여기 모여
詩국의 독립을 선언합니다

엑스터詩

詩는 화살 시矢와
소릿값이 같다
부러지지 않은 화살은
입술에 댄 검지손가락처럼
쉬잇- 소리를 내며 날아가
세상의 굉음을 잠재우고
가슴 한가운데 꽂혀
몸을 파르르 떤다

참을 수 없는 존재의 가려움

두타산 천은사에서 재수할 때
책상 아래로 덤비는 모기들에 물린
정강이가 견딜 수 없이 가려워
참다못해 피가 나도록 긁을 때
오르가슴의 원리를 깨달았다

가려움은 참을수록 간절해졌다
그 가려움을 정신력으로 이기려 했던,
현상을 마음으로 지우려 했던, 싸움이
가려움 앞에 어이없이 무너질 때의
절망감, 그 자유낙하의 절정감

시지프스의 바위가 산정으로 굴려
올려지고 싶어 하는 이유 또한 바위가
굴러 내릴 때의 절정감 때문일 것이다
메마른 바위의 피부는 가렵고 가장
가려운 곳은, 뇌가 가려울 때처럼,
손이 닿지 않아 존재는 가렵다

뜨거운 노래는 가슴에 묻는다*

뜨거운 노래는 금지됐던 시절
금지된 노래를 몰래 묻은 자리에
눈이 동그랗게 녹아 있는 것을 보고
심마니**가 산삼인 줄 알고 캐내었다

뜨거운 노래는 주둥이가 얼얼해서
말을 제대로 할 수 없었지만
묻으려거든 차가운 땅에 묻지 말고
따스한 가슴에 묻어 달라는 뜻을
심마니는 가슴에 새겨들었다

심심산골 외딴집으로 돌아오던
심마니는 골짜기에서 눈사태를 만나
여름이 올 때까지 응달진 골짝
겨울눈 속 깊이 묻혀 있었다

심심한 산돼지가 눈 속에서 들려오는
가녀린 노래를 듣고 파헤쳐 보니

심마니는 눈사람이 되어 있었지만

뜨거운 노래를 묻은 가슴은
아직도 뛰고 있었다

*뜨거운 노래는 가슴에 묻는다: 유치환 '뜨거운 노래는 땅에 묻는다'
**심마니: 산삼 캐는 사람

수채화

수챗구멍에 모인 낙엽을 보고서야
간밤에 비가 온 줄 알았다
그리고 싶은 것은 그런데
낙엽이 아니라 물이었다
없는 듯 있는 물은 그런데 어찌 그리나
있는 듯 없는 공기는 또 어찌 그리나
성질 꽤나 나야 바람은 가지 끝에 보이고
물은 마르면서 사라지니
싫어도 색을 써야 한다

벗어 놓은 신부 옷처럼
하얀 종이가 누워 있다
첫 번째 붓이 쏟고 간 색을
약솜처럼 빨아들여 평생을 가는
그 색은 그 그림의 기본음이 된다

나뭇잎의 기본음은 이를테면 노랑인데
그 위에 하늘이 내려 초록이 되었다가
가을이면 파랑은 다시 잎을 떠나
남빛 하늘이 된다

길 위를 구르는 가랑잎
바스락거리는 색 바랜 기억들
한때는 모두 습윤했던 것들
팔레트 위에 몸을 섞어
간색이 되기 전에는 수줍은 원색이었다
간색끼리 만나면 회색이 된다
색을 너무 쓰면 그림이 탁해진다
맑은 물을 그리려면 아쉬울 때
붓을 놓아야 하는 이유다

너와집*

소쿠리같이 틈틈한 지붕 사이로
매운 연기는 솔솔 빠져나가고
돈 냄새 묻지 않은 솔바람은
제집처럼 드나드는 집

너와 내가 밤새 뭐 하는지
궁금한 별들이 기왓장 사이로
엿보는, 솔바람이 솔솔 불어
원두막처럼 시원한 집
겨울이면 눈 이불을 덮는 집

너와 함께라면
라면을 먹어도 좋으리
세상에서 가장
짓고 싶은 집
너와집*

*너와집: 나무기와집

모르모트

알음앓이와 모르모트가 살았다
알음앓이는 아는 것이 힘이라고 믿었고
모르모트는 모르는 게 약이라고 믿었다

알음앓이는 자신이 모른다는 걸 잘 알았고
모르모트는 자신이 모른다는 걸 잘 몰랐다
알음앓이는 자주 앓에 걸려서 끙끙 앓았지만
모르모트는 자신이 실험용 쥐라는 것조차 몰랐다

모르모트는 앓에 안 걸리는 약*을 위한 실험용 쥐였다
알음앓이는 모르모트가 진짜 아무것도 모르는지
알면서도 모르는 척하는 건지 무척 궁금하였다
모르모트가 정말 아무것도 모르는 건 아니었다
모르모트도 자신의 이익에 관한 한 예민했다

모르모트는 주저하지 않고 쥐와 닭을 찍었다
모르모트는 자신이 올라탄 가지를 자르고 있었다
알음앓이는 민주주의의 태동과 관계가 있었고
모르모트는 민주주의의 종말과 관계가 있었다

*약: 항앓제(항암제)

아파트

내
가
집
이
라
면
제
발
아
파
트
가
되
지
않
았
으
면
좋겠다
누워 있는 땅집과는 달리

아파트는 깨금발로 벌서고 있는 자세다
마치 짐승의 등에 꽂힌 창과 같은 아파트에
땅이 아파하는 것을 모르고 자란 사람들은 땅을
요구하며 겸허를 가르치는 흙을 모르기 때문에 철근
콘크리트를 닮아간다 오로지 아파트값 오르기와 더
큰 아파트로 이사 가기에 목을 매는 사람들의 초고층
아파트에서 내려다보면 사람들이 개미처럼 보인다

예쁜 그림이 밉다

꽃 그림 그려 잘나가던 동기와
어려운 그림 그려 어려운 선배
쾰른 화랑제에 가서 함께 밥을 먹는데
선배는 후배의 예쁜 그림이 밉다

꽃 그림 그만큼 팔아먹었으면 됐지
사탕 발린 그림으로 싸모들의 입맛을
그만큼 버려 놓았으면 됐지
그 말을 듣고 후배는 목이 메었다

밥을 먼저 해결한 다음에
하고픈 그림을 그리려는데
그걸 몰라준다

꽃은 피고 지고 밥은 똥이 되고
강산이 세 번 변했는데
어려운 선배는 붓을 놓았고
꽃 그리던 이 아직 꽃 그린다

옥희

복희는 복이 없어 마마에 걸렸다
그래서 복희 동생 옥희가 나섰다
소복이 내린 눈은 발밑에서
뽀드득 이를 가는 소리를 냈다
눈은 내려 발자국은 이내 지워졌다

옥희가 끌려간 곳은 눈이 오지 않는
더운 나라 오키나와의 위안소였다
냄비처럼 뜨거운 양철지붕 아래 눈
내리는 고향이 그리워 잠 못 이루었다

그럼에도 전쟁이 끝났을 때
옥희는 옥희나와에서 나오지 않았다
해방군이 아니라 점령군이 진주한
고향으로 돌아가 손가락질 받으며
살고 싶지 않아 옥희는 애비 없는
아이와 오키나와에서 살다 갔다*

*위안부 배봉기 할머니

잃어버린 시를 찾아서

시의 나라에 소설이 내린다
소설이 내리더니 대설이 내린다
대설주의보가 거듭 내렸건만
설마 하다가 폭설에 갇혔다

횡설수설
끊임없이 눈은 내리고
백마를 탄 초인*은
봄의 도움을 청하러
눈보라 속으로 사라졌다

산천초목이 눈에 덮이니
말들이 굶주리고
배고픈 말들은
눈 이불을 덮고
겨울잠에 들었다

눈은
눈먼 자들의 도시로부터
휘몰아쳐 왔다

횡설수설의 군사들은
시의 나라를 포위하여
밤새도록 불화살을 쏘았다
책의 나라는 불바다가 되어
밤하늘을 붉게 물들였다

詩민들은 말들의 씨앗을 받아
화살대의 빈속에 넣어
부싯돌의 화살촉을 매단 다음
성 밖 동편 숲속으로 쏘아
내일을 기약하였다

*초인: 이육사 '광야'

저항령*

비 개고 물이 불었다
백담골 바위에 올라앉아
먹을 가는 노인을 만났다

먹은 갈면 갈수록 맑아졌고
청회색 바위에 휘갈긴 글귀는
상감을 새긴 듯 돌의 결이 되었다
물소리가 요란해 길 묻는 소리를
알아듣지 못하여 목소리를 높였다

저항령 오르려면 어디로 가요?
금지구역이라 못 간다요!
통제소를 우회하려면 어디로
가냐? 하는 말씀이지요

노인은 먹을 갈다 말고
나를 훑어보더니 앉아있던
반석에 다리 교橋자를 썼다
돌다리가 골짝 양쪽에 걸쳐졌다

용기 있음 건너가 보시오!

*설악산의 고개

조지는 오웰이고 올더스는 헉슬리다

1980년을 생각하면 오월이 생각나고
1984년을 생각하면 오웰이 생각난다
오웰을 생각하면 헉슬리가 생각나고
조지 오웰과 올더스 헉슬리는 오월동주다

오월동주는 동동주를 생각나게 하고
동동주는 윤동주를, 윤동주는 이육사를,
이육사를 생각하면 광야가 생각난다
광曠야를 생각하면 광狂야가 생각나고
광야狂夜를 생각하면 광주光州가 생각난다

광주를 생각하면 오월이 생각나고
오월을 생각하면 오웰이 생각난다
조지 오웰은 책의 금지를 두려워했지만
헉슬리는 금지할 필요도 없게 될까 두려웠다
오웰은 정보의 차단을 두려워했지만
헉슬리는 정보의 쓰나미를 두려워했다

〈1984〉에서는 사람들을 고통으로 조종하지만
〈Brave New World〉에서는 쾌락으로 조종한다

그러므로 오웰이 과거라면 헉슬리는 미래이다
우리가 증오하는 것이 우리를 망하게 하리라고
오웰은 말했지만
우리가 좋아하는 것이 우리를 망하게 하리라고
헉슬리는 말했다

청혼

귀 자른 고흐가
가난한 이중섭이
폐병쟁이 김해경이
작달막한 슈베르트가

만약 너에게 청혼을 한다면
너는 그에게 손을 주겠니?
무능으로 찍힌 미래의 천재가
지금 네 앞에 반무릎을 꿇는다면?

천재들의 옛 얘기는 아름답지만
가난의 현재진행은 너무 끔찍해
별들은 멀어서 아련하지만
다가오는 현실은 위협적이지

사과를 따려는 손은 많고
나무를 심으려는 손은 없고
늙은 사과나무꽃은 지는데

귀 자른 고흐가

무능한 이중섭이
폐병쟁이 김해경이
작달막한 슈베르트가
반무릎을 꿇고 네게
청혼을 한다면

한가위

밤새 내려 쌓인 달빛에
허리가 휘어진 소나무 아래
쪼그리고 앉은 옹달샘 처녀

옹달샘 번철 위에 샘물을 바르고
보름달을 보름달을 부치고 있네

쪼그리고 앉았으니 다리도 저릴 텐데
부쳐내도 부쳐내도 다시 떠오르는
옹달샘 한가운데 보름달 반죽

고등어

등 푸른 생선 한 마리 도마 위에 누워 하늘을 본다

칼이 춤을 춘다 토막토막 잘려 비닐봉지에 담긴다

도마, 누워, 위에, 본다, 선생, 한 마리, 등 푸른, 하늘을,

기자조선

고조선이 그냥
헬조선이 된 게 아니다
그 사이에는
기자조선이 있었다

우주정류장

우주정류장 승무원들이 가장 즐겨 찾는 곳은
무중력 속의 식물 성장 실험을 하는 테라리움이야
모든 것이 과학과 성과를 위해 돌아가는 세상에서
저만치 혼자 뜬금없는 푸르름을 보고 싶은 거지
위아래도 없는데 풀은 어떻게 제 모습을 유지할까?

시인의 마을에 가끔 산책 오는 이유도 비슷해
여기 와서 내 마음의 개 끈을 풀어주는 게 정말 좋아
이 동네가 아직 재개발이 안 된 건 詩가 돈이 안 되는
까닭이지만 마을 사람들은 시와 돈이 상극인 거
그것의 은총을 몰라, 미술이 돈이 되자
미술 동네에 미술이 사라지는 참상을 몰라
시가 기업화되면 마을 사람들은 쫓겨난다고!
이제 똥도 쌌으니 가야지

김해경 씨의 이상한 연구

 측량기사 김해경 씨는 이상과 현실의 거리를 측정하라는 과제를 받았다. 아무리 물량주의 시대라지만, 이상과 현실의 거리를 측정하라니, 참으로 어처구니없는 과제였으나, 김해경 씨는 이상과 현실의 거리는 머리와 발의 거리와 같음을 알아냈다.

 문제는 사람마다 키가 다르다는 사실이었다.
 모든 사람들의 평균 키를 알아야 이상과 현실의 거리를 알 수 있을 텐데, 사람들이 끊임없이 나고 죽는 까닭에, 이상과 현실의 거리를 재는 일이 지연되던 중, 김해경 씨는 이상과 현실의 거리는 머리통과 밥통 사이의 거리와 같음을 알아냈다.

 측량기사 김해경 씨는 인류문화를 전진시킨 힘은 이상과 현실의 긴장에서 생기는 힘으로부터 나왔다는 사실도 알게 되었다. 원숭이가 직립함으로부터 오는 머리통과 밥통 간의, 위치에너지가 인류문화를 추동하였음을 알게 되었던 것이다.

그런데 요즘은 세상을 주도하는 반지성주의에 의해 이상과 현실의 정반합적 상승작용이 사라지고 있음을 김해경 씨는 알게 되었다. 밥통들이 머리통을 지향하지 않을 때 사람들은 지향을 잃게 되었고 상식이 무너지기 시작했다. 김해경 씨의 이상한 연구는 곧 잊혀졌다.

꽃등에

날개가 너무 작아
이론적으로는
날면 안 되는 꽃등에는
무식해서 용감하다

이론을 비웃으며
과학과 기적 사이를 넘나드는
불가사의를 고속 촬영한 뒤에야
과학자들은 날개를 뒤로 저을 때
뿐 아니라 앞으로 저을 때도
솟는 힘을 얻는다는 걸 알아냈다

그놈이 보이지 않는 꽃들의 나긋한
꽃등에 살포시 업히어 나는 건
사람 눈에 안 보인다

꽃은 피다*

피가 뭔지도 모르면서 꽃은 핀다
꽃이 뭔지도 모르면서 피는 붉다

모세의 혈관마다 바다가 갈라진다
갈릴리 바다마다 고기들이 펄쩍 뛴다

더운 가슴 뛰지 않으면 언 강물은 풀리지 못하고
물이 피처럼 짜지 않다면 바다는 썩어 버렸으리

더운 피가 흐르지 않는다면
입술은 무엇으로 붉으며
언 강물이 풀리지 않는다면
파도는 무엇으로 설레랴

꽃이 뭔지도 모르면서 피는 붉다
피가 뭔지도 모르면서 꽃은 핀다

*김남주 '잿더미'

내 이름은 빨강*

무채색들이
잃어버린 이름을 찾아 나섰다
무채색들은
길이 막혀 더는 갈 수 없었다
무채색들은
건널 수 없는 강, 빨강에 막혔다

무채색들은 겁이 나서
노을이 붉은 강을 등졌다

빨강의 다른 이름은 한강,
한강 저편엔 강남이 보였다
거지들은 못 건너는 강이었다

혁명이라면 군사혁명밖에 모르는
회색인들은 빨강이라면 빨갱이를
떠올리며 몸서리를 쳤다

사람 사는 세상을 위해 싸우는
사람들이 간직해야 할 빨강은

빨갱이 탄압과 함께 버려졌다
노예 상인들은 빨강으로 옷을 지어
입고 피 묻은 손을 씻었다

그러나 나는 돈벌레 노랑이도 아니고
피가 서늘하게 식은 파랑이도 아니고
백기를 든 패배주의자 하양이도 아니고
파충류들의 회색당은 더더구나 아니다

나는 비로소 잃어버린 이름을 찾았다
더운 가슴속 두근거리는
나의 이름은 빨강
우리 이름은 빨강
꽃들이 한꺼번에 터트릴
봄을 준비한다

내 이름은 빨강
빨강이라는 이름의
다이너마이트가 아니라면
사랑이라는 이름의

愛너지가 아니라면
자아에 중독되어 미래를 말아먹는
자본의 노예들을 묶은 사슬을
날려 버릴 수 있는 것은
아무것도 없다

사랑이라는 이름의
다이너마이트가 아니라면

*'내 이름은 빨강'은 오르한 파묵의 소설

말랑말랑한 말들*

순하던 말들이 억세졌다
세상이 각박해진 탓에 말들이
억세진 것을 잘 알면서도 간신들은
탐관오리와 도적들을 잡는 대신에
억세진 말들에게 세상을 각박하게
만든다는 죄로, 격음화와 경음화가
된 카랑카랑한 말들을, 쫓아냈다

성깔 있고 색깔 있는 말들이 쫓겨나자
잡아끌지 않아도 쫄랑쫄랑 따라다니는
조랑말들만 남았다 기대했던 것처럼
조랑말들은 말랑말랑해지는 대신에
흐물흐물해졌다 말들이 흐물흐물해지자
정신들이 몰랑몰랑해지고
정신들이 몰랑몰랑해지자
사람들이 물렁물렁해졌고
사람들이 물렁물렁해지자
껄렁껄렁한 놈들이 마을을 휩쓸고 다녔다

*김기택 '말랑말랑한 말들을'

들불 야학

온종일 먼지를 마시며 드르륵 드르르륵
미싱을 타고나면 몸이 파김치가 된다
그러나 지친 몸을 이끌고 야학에 간다
왜냐하면 야학 선생님이 좋기 때문이다

선생님을 보면 가슴이 찌릿찌릿하다
힘이 들 때면 선생님의 웃는 얼굴을 생각한다
그러나 선생님은 짓궂다. 귀여운 심술쟁이다
시험에 안 나오는 문제를 내신다
어제는 아래와 같은 문제를 내셨다

2010년에는 89명이 세계의 부의 절반을 차지했고
2015년에는 68명이 세계의 부의 절반을 차지했으며
2019년에는 23명이 세계의 부의 절반을 차지했다
2022년에는 몇 명이 세계의 부의 절반을 차지할까?

1명이 한국의 절반을 차지한다면
공부한다는 것의 의미는 뭘까?

1명이 세계의 전부를 차지한다면

살아간다는 것의 의미는 뭘까?

정말 골치 아픈 문제다
그러나 나는 선생님이 좋다

도문리

명동 아가씨가 논둑길에 나타난 듯
마주 오던 그녀가 눈에 번쩍 띄었다
나는 그녀에게 다가가 길을 물었다

하숙집으로 가는 길을 몰라서라기보다는
그녀에게 가는 길을 알고 싶었기 때문이었다
동그란 얼굴에 눈이 큰 그녀는 소녀처럼
앳되어 보였지만 나이는 보기보다 많았다

꽈리 같은 목소리와 해맑은 얼굴에 얼이 빠진 나를
그녀는 친구 동생처럼 대해 주었다 뉴설악 호텔
화랑에 산을 그려주고 등록금을 벌던 시절이었다

설악 파크호텔에서 일한다는 그녀를 나는
권금산성에서 일본 관광객과 함께 있는 걸 보았다
(기생관광으로 외화 수입의 1/5을 벌던 시절도 있었다)
나는 그녀를 못 본 척했고 여름방학은 끝날 무렵이었다

그녀를 처음 만난 곳은 설악산 도문리로 드는 길목이었다
콘크리트로 덮은 마을길 옆에는 벼 이삭이 패고 있었고

도문리道問里는 길을 묻는 마을이라는 뜻이었다
사십 년 후에도 나는 여전히 길을 묻고 있다

베쓰

개들도 창씨 개명이 되었다. 앞집 개 이름은 도꾸였고 옆집 개 이름은 베쓰였다. 베쓰는 이웃집 백구와 뒷집 누렁이 메리의 딸이었다. 백구의 이름은 죵John이었는데 죵은 똥개였지만 영물이었다. 우스갯소리도 잘하던 앞집의 아저씨는 아버지의 고향 친구였는데 자식들을 자주 때렸다. 그럴 때 죵은 아저씨의 파자마를 물고 뒤로 끌어서 말리기도 하였고, 마당에 엎어진 아기가 울어재낄 때, 아기의 저고리를 물어 일으켜, 동네에 평화를 돌려주기도 하는 놀랍개였다.

나이가 많은 죵은 서당 개처럼 근엄하여서 개로 느껴지지 않는 개였다. 그러나 죵의 딸 베쓰는 눈빛만 보아도 알 수 있는 착하고 평범한 개였다.

베쓰는 언제나 황토색 털외투를 입고 다녔다. 삼복더위에도 털외투를 벗을 줄 모르는 베쓰가 엘리자베쓰의 줄임말이라는 건 나중에 알았지만, 베쓰는 암튼 엘리자베쓰 테일러만큼이나 예쁜 개였다. 더구나 베쓰는 좀처럼 물거나 짖거나 하지 않는 착한 개여서 동네 아이들의 사랑을 받았다.

그러므로 베스가 집에 있을 때 나는 베쓰에게 많은 동네 아이들 중 하나에 불과하였다. 그러나 베쓰를 데리고 일단 동네를 벗어나면, 우리는 세상의 끝까지라도 함께 갈 듯한 단짝이 되었다. 나는 그 멋진 개와 함께 장충단 공원을 지나 남산이나, 낙산 성터를 넘어 바위 언덕을 바람처럼 쓸고 다녔다.

낙산 언덕 꼭대기 초소 옥상에는 대공포가 있었고 철판으로 만든 저수탱크도 있었다. 손바닥으로 때리면 세상에서 가장 큰 징 소리가 나는 그 저수탱크를 두드리다가 집으로 돌아오는데, 뒤에서 베쓰를 부르는 소리가 들렸다. 그리운 숙희의 목소리였다. 베쓰는 주인의 목소리를 알아듣고 수키에게 달려갔다. 숙희가 웃으면 뺨에 보조개가 파였다. 무지개가 뜨는 언덕이었다.

별들의 침묵*

지구가 미쳤다고 별들이 속삭였다
지구의 이웃에 사는 별들은 시끄러워서
잠을 잘 수가 없었다 지구에서는 밤낮없이
고성방가와 거짓 뉴스와 욕설이 들려왔다
그런데 별들은 왜 묵묵히 참고 있을까?

있어서는 안 될 일들이 일어나는 데 대해
하느님도 불간섭 원칙을 고수하고 있는데
별들마저도 침묵을 지키면 어쩌란 말인가
혹시 당신들마저도 떠나 버린 거 아닌가
술래 혼자 남겨 놓고 모두 떠난 거 아닌가

*테드 창의 소설 제목이기도 한 '별들의 침묵(Great Silence)'은 페르미 역설이라고도 한다. 이태리 과학자 페르미는 '우주의 크기와 나이를 생각한다면 우주는 생명체로 가득해야 한다. 그런데 우주는 왜 이렇게 고요한가?' 하고 궁금해했다.

그에 대한 답변으로서 '우주가 너무 커서 빛도 여행하다가 지쳐 버리기 때문에 외계인의 메시지가 지구까지 도달하지 못한다'는 의견도 있고, 인류가 외계인의 존재를 알게 되어 혼란을 빠지지 않게 하려고 접촉을 피하고 있다는 설도 있다. 이것은 외계인들이 지구를 '동물보호구역' 으로 만들었다는, 보호구역 가설 혹은 동물원 가설이라고 부른다.

대부분의 문명은 고도로 발전하면 핵전쟁이나 환경파괴 등의 이유로 자멸하기 때문에 우주여행에 나서지 못한다는 의견도 있다. 어쨌거나 거대한 침묵을 마주하노라면 썰렁한 느낌이 든다. 지구 때문에 두통을 앓던 하느님은 잠시 휴가를 떠나신 것일까? 그렇다면 당분간은 지구인들끼리 서로 도와가며 살아가는 길밖에 없겠다.

분서 焚書

책의 마을에도 눈이 내린다
책상 위에도 걸상 위에도 책꽂이에도
눈자위를 뒤집은 듯 하얀 눈이 내린다
어깨를 맞대고 찬바람을 견디는 나무들
유행이 지난 어휘들을 떨구어
ㅂ ㅈ ㄷ ㄱ ㅅ 낙엽이 지고
버거운 문장들을 벗은 알몸들이
두 팔을 들고 차가운 눈을 맞는다
가지가 찢어질 듯 눈이 쌓여
가까이 가기 겁나는 나무도 보이고
가죽나무 껍질로 장정이 된 균형이
경이로운 책도 보인다

서원의 문턱은 높고 문중의 갈등은 깊어
행간을 헤매다 짧은 해가 넘어갔다
그리하여 책상 아래 노숙하기로 하였다
책상 밑에는 바람에 불려 온
가벼운 낱말들이 낙엽처럼 쌓여있다

책상 덕분에 젖지 않고 썩지 않아

혈관의 잉크가 바짝 마른 빈말들
사이를 비집고 들어가니 견딜 만하였다
몸을 조금만 뒤척여도 바스락거리는
빈말들 때문에 동트기 전에 일어나
언 몸을 녹이려고 덮고 잤던 낱말들을
긁어모아 불을 피웠다

온종일 헤매다 저물녘에 이른 곳은
어젯밤을 지낸 거대한 바위 밑이었다
환상방황에 코 꿰어 또 하루를 허송하였다
간밤에 고맙게 덮고 잔 어휘들을
태워버린 것이 후회되었다 우리는
마을을 돌며 애꿎은 나무를 찍어
거짓말을 찍은 책들을 솎아 찢어 구겼다
구겨진 책장들은 어젯밤 깔고 잤던
낙엽들보다 훨씬 폭신하였다
새벽에 일어나 포근한 거짓말들을 모아
곱은 손으로 성냥을 그었다

빛은 빛이다

콩밭에는 완두콩꽃
보랏빛 콩꽃들이
날 좀 보라
날 좀 보라
하길래

가까이 가 보려고
가서 보기만 하려고
완두콩 줄기 타고
엉금엉금 올라가니

화들짝 놀란 콩꽃들이
화르르 날아가네
나비 되어 날아가네
푸르른 하늘 아래
춤추는 보랏빛 나래

나비를 잡으려고
잡았다가 놔주려고

완두콩 줄기 타고
살금살금 오르는 데
사마귀 한 마리가
길을 막고 하는 말:

빛으로 이르는 이 길을
빚 진 자는 갈 수 없다!
하길래

나는 빚이 없다 하니,
어디서 왔냐 묻길래
서울서 왔다 하니
걸어서 왔냐 묻길래
타고서 왔다 하니
그거 봐라! 하네

사려니 숲

올레길에는 갈래길도 많았다
바람도 많고 여자도 많다는
제주에는 그런데 말이 없었다

사라진 말을 찾아서
사려니 숲으로 가기 위하여
비자림을 지난 갈림길에서
물찻오름 쪽으로 들어섰다

여름에도 물이 마르지 않는다는
물찻오름의 작은 호수에는 방생
당한 금붕어와 거북이 살고 있었다

물찻오름에서 사려니 오름까지
삼십리길이 되는 숲길을 걸으면
치유가 절로 된다는 홍보를 위해
안내소 벽면의 사진 속에서 활짝
웃는 여인의 다리가 추워 보였다

사려니는 성스럽다는 뜻이라 했다

성스러운 숲에는 때죽나무 참꽃나무
꽝꽝나무 서어나무 졸참나무들이
빼곡하게 모여 살고 있었지만
나무들은 말이 없었다

나무들이 어릴 적에 4.3 항쟁
최후의 격전이 바로 이 숲에서
벌어졌다는 말을 나무들은 하지 않았다
여름밤이면 반딧불들이 혼불처럼
춤을 추는 사려니 숲은 고요했다

북 치는 소년

그 선생은 겨드랑이 밑에
박달나무 드럼대를 끼고 다녔다
우리들의 까까머리가 그 선생의 드럼이었다
손목의 스냅으로 때리는 것이 너무나 아파서
피하려다가 귀가 찢어진 아이도 있었다

6·25 때 황해도를 떠나 남쪽으로 온
선생은 공산당을 악마처럼 미워했다
선생의 불타는 증오심의 제단에
애꿎은 아이들이 매일 올려졌다
공부 못하는 애들을 선생은
똥기계라고 불렀다

빗발치는 총알 속으로
눈썹 하나 까딱하지 않고
진군의 북을 치며 앞장을 서는
광기의 소년처럼 반공도덕 선생은
망가진 사람이었다
그 때문에 많은 아이들이 찌그러졌다

새들은 목포로 가서 죽다

어른들이
어른 노릇을 못 하니
배가 산으로 갔다
배가 산으로 가니
새들은 바다로 갔다

안산의 산새들은
바다로 가서
목포 앞바다로 가서
떼죽음을 당했다

새들은 왜
바다로 가서 죽었는지
사람들은 문제의 핵심도
파악하지 못했다
왜 안 구했나 묻지 못하고
왜 침몰했나를 따지며
세월을 보내고 있었다

서울에서의 마지막 탱고

불볕을 피해 아버지 가방에 들어가셨어
이제 좀 비나 왔으면 좋겠네 하셨어
아버지의 뜻을 빙자해서 좀비들이
신문로로 탱크를 몰고 왔어
활(活)자들을 깔아뭉개고
방송국을 점령했어

쫓겨난 기자들은 집으로 돌아갔어
강아지는 반갑게 신문을 물어다 줬어
신문을 펼치면 역한 냄새가 났어
눈이 풀린 사람들은 운동장에 모여서
확성기 장단에 맞춰 춤을 추었어

'아빠와 함께 춤을' 추었어
죽은 아빠와 산 딸이 어우러졌어
'마지막 춤은 좀비와 함께' 춤도 추었어
비유가 약한 햇님은 서산으로 숨었어
어둠이 내리고 광견들이 몰려와
달빛마저 물어가 버렸어

어두운 안방의 아버지는 테레비를 켰어
테레비는 허락된 유일한 광원이었어
테레비는 강아지처럼 재롱을 떨었어
핑크빛 이미지들이 뛰쳐나왔어
웃으면 복이 와요! 노래하며 춤을 추며
엉덩이 사이로 손을 받혀 키스를 날렸어

파블로프의 개들은 침을 흘렸어
한 손에 떡을 한 손에 칼을 든 검둥개들은
꼭꼭 숨은 별빛마저 사냥하러 나갔어
오지 않을 것 같은 새벽이 왔어
광견들은 닭을 물고 왔어 *꼬꼬꼬*
하지 않고 *꼬끼요* 한다고
새벽닭을 물고 왔어

세상이 멈춘 순간

한국을 만든 힘은 어디에서 왔을까?
그 거룩한 힘을 기록한 아주 귀한 사진이 있다
노순택 작가가 찍은 그 사진을 보면

노조위원장*의 시신을 탈취하려고
백골단들이 왕망치로 벽을 뚫고
제사상을 밟으며 난입하는 순간
세상은 멈 춰 버 렸 다

흑백사진 속의 사람들은
색을 잃어버리고 잿빛이 되었다
선봉에선 백골단원은
아직도 허공에 붕 떠 있다

시신을 탈취한 공을 세운 간부가
출세하는 것을 본 견찰들은 분발을 하여…
우리가 아는 나라를,
아직도 허공에 붕 떠 있는 나라를, 함께 세웠다

*박창수

세잔

세잔의 와인을 마시고
책상 위의 사과를 그렸다

그림을 본 사과는 화가 났다
얼굴을 붉히며 화가에게 물었다
내가 이렇게 못생겼어?

화가는 사과했다
당신의 외모가 아니라
향기를 그리려 하였소

슴가

슴가는 젊은 여인의 젖가슴을 뜻한다
슴가를 젖무덤이라고도 하는 이유는
요람에서 무덤까지 가는 노잣돈이
바로 젖이기 때문이다

슴가는 뒤집힌 가슴을 뜻한다
뒤집혀 보고 나서야 슴가가 된다
슴가가 되어보지 않고는 홀로
식어가는 가슴을 알지 못한다

시들면서 아름다운 꽃들도 있지만
우리는 꽃이 아니다
꽃은 99단을 외우지 않는다
낮추어 흙이 되지 못한 우리는 꽃 앞에
턱을 괴고 꽃이 가슴을 열기를 기다린다

슴가는 맹목이라 앞뒤를 재지 못하여
냉장고 가슴*들의 냉소의 시선을 받는다
그러나 가슴을 뒤집어 보이지 않고
어떻게 본색을 알 수 있나

화음 하는지 알 수 있나

*유형진 '냉장고의 심장'

쌍방울

교활한 물신物神은
노예들의 사타구니에
쌍방울을 달았다. 그리하여
딸랑거리는 소리를 듣고서
어느 쪽으로, 어느 속도로,
달아나는지 알 수 있었다

노예들의 탈출을 돕기 위해
프로메테우스는 방울을 비운 곳에
불씨를 심어 주었다. 한겨울에 얼어
죽지 않도록, 남녀가 만나 황홀한
밤을 지낼 수 있도록, 해주었다

그럼에도 불구하고
자유와 책임이 버거워서
불알을 반납하고 노예선을
향하여 발맞추어 행진하는
노예들의 쌍방울 소리가
딸랑딸랑 끊이지 않는다

생각대로 되지 않음의 은총

세상일이 사람들 생각대로 모두 된다면
그리운 금강산은 아파트 단지가 됐을지 모른다
골짜기마다 러브호텔과 별장으로 가득하고
비췻빛으로 빛나는 상팔담은
일반인 통제구역이 됐을지 모른다
모든 일이 사람들 생각대로 된다면
애들은 늙지 않고 노인들은 죽지 않고
저마다 공주이고 저마다 왕자이고
모두들 재자이고 모두들 가인이고
낮은 곳을 지키려는 이 하나도 없고
저마다 재벌이고 저마다 황제라면
그런 세상은 지구가 못 견뎠을 것이다
이놈의 세상 망해버려라! 하고 저주하는
사람들의 뜻을 이루기 위해 세상은 골백번도
망해 버렸을 것이다. 그러므로 열심히 한다고
다 되지 않는 것도 고마운 일이다

어른 면허증

어른들이 어른 노릇을 못하여
나라를 빼앗긴 어른들의 후손들이
아직도 나라의 주인이 되지 못하여
다리가 무너지고 배가 산으로 가고
새들은 목포로 가서 죽었다

거대한 빙산이 다가오는데
정신줄 놓고 있는 어른들에게
배를 맡길 수 없어 모든 어른들은
아래처럼 시작되는 면허시험을 봐야 했다

1. 성숙한 사회로 가는 길의 걸림돌이 아닌 것은?
a. 자본 집중 b. 혹세무민 c. 환경운동 d. 도둑이 많다.

2. 소수를 보호하는데 가장 적합한 제도는?
a. 다수결주의 b. 전체주의 c. 자본주의 d. 민주주의

3. 빈부격차를 해결할 최선의 방법은
a. 경제성장 b. 물가억제 c. 주택공급 d. 경제민주화

4. 세월호는?
a. 침몰사고다 b. 안 구한 사건이다 c. 잘 모르겠다

5. 내가 꼰대일 가능성은?
a. 있다 b. 없다 c. 잘 모르겠다

6. 내로남불은 나와 상관이
a. 있다 b. 없다 c. 모르겠다

7. '탄소발자국'은 무슨 뜻인가?

잃어버린 방독면을 찾아서

그는 매일 밤 분대원들을 줄
세우고 주먹으로 뺨을 때렸다
턱이 돌아가도록 세게 때렸다

모두 때리면서 나만 때리지 않았다
그는 홍대 여대생을 소개시켜 달라고
그런 식으로 나를 압박하는 중이었다

때리는 명분은 분대의 방독면 하나가 분실
되었으니 찾아 놓을 때까지 때린다는 것이었다

나는 없어진 방독면을 채우려고
밤의 어둠을 틈타 이웃 막사로 스며들면서
생각하였다 방독면을 숨긴 놈은 바로 그
소도둑처럼 생긴 고참 놈일 것이라고

전갈

속히 모이자는 전갈을 받고
서둘러 신을 신는 순간
무엇인가 발바닥을 쏘았다
놀란 나는 신발을 털었다
전갈 한 마리 바닥에 떨어졌다
나대지 말고 가만있으라는 듯
전갈은 독침을 울러댔다 나는
신발을 들어 힘껏 내리쳤다

천치창조

하느님이 오타를 쳤다
천지창조를 쓴다는 것이 천치창조를 쳤다

천치는 하늘의 부끄러움이라는 뜻이다
하늘의 부끄러움은 영혼 없는 인간 때문이었다
천치는 하늘을 우러러 한 점의 부끄러움을 모르는
인간들을 대신하여 하늘이 부끄러워하는 것이다

천지창조의 기쁨이 물러가고 슬픔이 찾아왔다
피조물들끼리 서로 잡아먹는 약육강식 때문이었다

약육강식을 극복하도록 인간에게 이성을 주었는데
약육강식을 극복하기는커녕 핵폭탄을 발명한 인간들은
물질은 살리고 생명만 죽이는 중성자탄을 발명하였고
별을 폭파시킬 수 있는 반물질 폭탄도 설계하였다

한마디로 영혼 없는 천재는 천재지변의 근원이었다

세상에 악을 포화시켜 종말을 재촉하려는 듯
인간들은 물질 광신에 빠져 생태를 붕괴시켰다

하느님의 책상에는
'대자연의 한해 가치 창출 14경,
500년 새 75% 생물 멸종'이라는 기사와 함께
멸종되었거나 멸종의 위기에 빠진 생물들의 탄원서가
인간들을 퇴출시켜 달라는 동물들의 탄원서가
산처럼 쌓이고 있었다

살려고 발버둥 치는 인간들은 공멸을 향해 치달았다
하느님의 인간실험은 결국 실패한 것인가

리셋을 준비한 뒤 엔터키를 누르려는
하느님의 손이 떨리고 있었다

탈것 속에 탈것들이
- 증기 기관차

탈것 속에 탈것들이 탈것들은 아직 다 타지도 않았는데
타고 있다
차장은 호각 불며 탈것들을 재촉한다 빨빨타타
화부도 가세한다 활활타타
탈이 난 탈 것들은 타러 오지도 못하는데
탈것은 있음에게 더 있게 하려고 없음을 수탈하여
없음은 넘지도 못하는 국경을 넘어
있음이 종교인 나라로 간다

화부는 화병이 난 화통에 물을 먹여 진정시키고
천년을 내리 흐르던, 아래로만 낮춰 흐르던,
물처럼 유순한 백성들도
'뭔가 좀 이상 혀' 소눈을 굴릴 무렵
우리 같은 맹물에게 골 때리는 정신훈화라니,
없어서 무식하고 있어도 관심 없는 우리에게
박 터지는 공식을 가르치려 들다니
너희가 천년을 맹물로 사는 까닭은,
너희 물 분자 연대고리가
(연대고리가 무슨 뜻이여? 유대고리란 뜻이랴)
너무 길어 새 역사를 창조함에 발맞춰 나가지 못함이라

우리가 그 높은 뜻을 깨치지 못함에 화부는
우리가 그 뜻을 몸으로 깨치게 하려 화통에
탈것들을 삽질해 넣고 최면을 건다
수리수리 활활타타 죽자 사자 나만 살자

세상은 점점 더워지고 환경변화 안 온다고 떡 받아먹고
헛소리하던 그 주둥이 그 몸뚱이 후끈화끈 열을 받아
우리는 이제 더 이상 손에손에 손을 잡은
정겹고 청승맞은 맹물들이 아니라네
개체보존 본능발동 무한경쟁 각자도생

H_2O 단세포주의 나 마누라 자식 하나
그게 뭐가 나빠 온 세상은 온통 나뿐 놈들
오로지 나뿐인 놈들 흘러서 넘치는 데

이놈들 프로박테리아들 열 안 받으면 일을 안 해
돈과 일의 주종관계를 몰라! 기관사는 악을 쓰고
물 분자들의 만인의 만인에 대한 자본을 위한 투쟁은
쇠바퀴 둥글리는 돈 굴리는 일이 되고
탈것들은 재가 되고

우리들은 다시 빈손이 되어
손에 손에 손을 잡고 하늘로 오른다
흰 구름이 된다

처용

남자가 바람을 피우고
비릿한 밤꽃 냄새를 풍기며
달그림자 살그머니 밟으며
집에 와 보니 이불 아래
다리가 넷이나 되었네

남자가 흐느끼며
밤길을 헤매는 데
사랑 노래 흥얼거리며
역신이 마주 오고 있었네

여보게 처용이, 내 말 좀 들어보게
사랑에는 지는 게 이기는 거라네
역병의 겨울은 사랑으로
이겨내는 거라네

풍속도

프리지어*의 향기는 눈이 아리다
프리지어는 유튜브에 값비싼
명품을 자랑하는 일을 했고
짝짓기 예능 프로그램에 가녀린
몸매를 자랑하여 유명해졌다

사람들은 신데렐라의 꿈을
그녀를 통해 꾸었지만
사람들의 부러움에는
질투의 그림자가 따라다녔다

눈매가 서늘한 질투에게
그녀의 명품이 짝퉁임이 들통나자
부러움은 미움으로 돌변했다
사람들은 속았다고 분노했다
혐오의 말들이 폭풍처럼 휘몰아쳤다

그녀의 명품만이 짝퉁이었을 뿐 아니라
그녀의 삶도 짝퉁이라고 분노하던 사람들은

욕망이라는 궤도를 달리는 경주견처럼
새로운 가짜 토끼를 쫓아서 또다시
먼지 속을 질주하고 있다

*인플루언서 송지아, free지아

피리

원시의 하늘에 소리개가 맴돈다
원시인은 배가 고픈데 소리개는 너무 높다
돌팔매로 닿을 높이가 아니다 소리개를
잡으려면 최초의 누군가가 대나무를 굽혀
활을 만들 때까지 기다려야 한다

빙하에 쫓기는 설원의 낙오자를 찾아
하늘을 맴도는 소리개를 활로 잡아
불 가에 모여 앉아 배불리 구워 먹고
모두들 혼곤히 잠든 밤에 홀로 깨어

새를 하늘에 받쳐주는 소리의 날개뼈에
화살촉으로 구멍을 뚫어
맨 처음
소리의 집에
계단을 만든 그대는
뼛속에 숨을 불어넣은
소리에 혼을 불어넣은
그대는 누구신가

살빛 生光

살빛으로 깨어나는 저 분홍 꿈
새벽하늘 피어나는 저 모란꽃
고드름 끝에 매달린 저 햇빛은

빨주노초파남보 중에
빨강으로 맺힌다

나비들 봄빛에 취하여
비틀거리게 하고

천년 묵은 패배주의 반가사유 半假死儒
청동 가슴에 더운 피가 흐르게 한다

생광에 베인 손끝
흰 눈 위에 듣듯
자궁을 여는 꽃잎
고막을 째듯

곰

곰은 문이 될 수도 있었다
희망의 문이 될 수도 있었다
여우가 재주넘어 사람이 되듯
재주 한번 넘으면 곰은 문이 되니
그것은 어려운 일도 아니었다

그러나 그는 2017년 4월 16일
세월호 진상규명을 약속한 후
다시는 안산에 나타나지 않았다

세월호기념관을 '세월호 납골당'이라고
부르는 사람들의 저항에 부딪혀
'생명안전공원'이라는 이름으로
지으려 했으나 첫 삽도 뜨지 못했다
팽목 기억관은 아직도 가건물이다

반면에 삼풍이 무너진 곳에는
기념관을 짓는 대신 주상복합을
세워 돈을 버는 쌍놈의 나라이다

세월호 진실이 밝혀지면 향후 50년 동안
보수집권이 불가능하다는 말이 사실이라면
보수대연합의 철벽을 돌파하여 진실을 밝힐
힘이 그에게는 어차피 없었는지도 모른다

정치에 뜻도 없이 끌려왔다는 곰이
집단적 권력의지의 동물원에 갇힌 모습은
고구마 먹는 곰처럼 답답해 보이기도 하였다
오죽하면 곰과 공은 공범이라는 말까지 나왔을까
그리하여 '가장 큰 지혜는 멍청하게 보인다'
(大智若愚)라는 말을 생각나게 하기도 하였다

세상이 악해지면 착한 사람이 미워진다
그럼에도 불구하고 그는 너무 했다
그는 세월호를 외면해서는 안 되었다
세월호는 곰에게 마늘과 쑥이었다

만원버스

송곳을 꽂을 틈도 없었다
요금은 천 원인데 만원을 낸 듯
거들먹거리는 자들도 있었는데
그들은 남들의 발등을 밟고 다녔다

발등을 밟히고 화난 얼굴로 돌아보면
그들은 돌아와 당신의 발등을 밟고
종점까지 가는 경우도 있었다
행선지는 종점이 아니었지만
발등을 밟혔으니 종점까지
가는 수밖에 없었다

그들은 반갑게 손 인사를 하듯
손바닥을 들어 보이는 경우도 있었다
그러면 만 원짜리 한장을 주는 게 좋았다
손가락 사이에는 면도날이 끼워져 있었다
만 원을 내지 않으면 당신의 양복 안주머니
바깥을 면도날로 그어 지갑 채로 가져갔다

승객들은 모두 눈을 내리깔았다

서서 자는 척하는 승객들도 있었다
놈들이 소녀들을 만져도 버스는 고요했다
버스에서 쫓겨나면 걸어야 하기 때문이다

초현실적인 메타버스였다
버스가 산길을 돌아갈 때 그들은
여자운전사를 버스에서 끌어내려
욕정을 채운 일도 있었다

한 사람이 항의를 하다가 몰매 맞았다

여운전사는 항의한 그 사람이 내리지 않으면
버스는 떠나지 않을 것이라고 말했다
길이 바쁘다는 승객들에 떠밀려 그는
버스에서 내리지 않을 수 없었다

봄 산에는 꽃들이 자지러지게 웃고 있었다
버스가 구비 길을 내려가는 것이 보였다
만원 버스는 절벽 아래로 떨어져
호수에 처박히는 것이 보였다

민식이

눈맞춤이라는 종편 방송이 있다
주부들의 눈높이에 맞춘 방송이다
그 눈맞춤에 민식이 엄마 아빠가 나와
서로 눈을 맞추다가 눈물바다가 되었다

민식이는 학교 앞 과속차량에 목숨을 잃은 뒤
민식이법이라는 학교 앞 사고 가중처벌법이
만들어지는 계기가 되었지만 민식이의
희생으로 세상의 광기를 멈출 수는 없었다
그 광기 중의 하나는 언어 사대주의였는데

'학교 주변'이라고 불러도 될 것을
'스쿨존'이라고 불러야 직성이 풀리는
사람들이 있었다 그 한 사람은 하필이면
민식이와 이름이 같은 지민식 씨였다
지민식 씨도 학교앞 교통사고를 냈다

그렇지만 그는 힘센 집안의 아들답게
거미줄을 뚫고 날아가는 풍뎅이처럼 풀려났다
경찰서 취조실에는 커다란 거울이 있었는데

지민식 씨가 진술서에 서명했을 때
거울은 그의 이름을 식민지라고 읽었다

믿음직職

세상에서 가장 멋진 직업은 믿음직이다
그 업의 힘은 그 믿음으로부터 온다
가장 단단한 어둠을 부싯돌처럼
부딪혀 빛을 만들 줄 아는 능력
'마치 ~인 것처럼' 버틸 줄 아는 힘
없는 것을 있게 하는 믿음에서 나온다
잘못된 믿음으로 망가진 세상은
믿음의 힘으로만 고칠 수 있다

비밀

아무도 몰래 왔다가
아무도 몰래 살다가
아무도 몰래 갔다는
것만 말해두자

존 레논이 말했듯
살인은 백주에 자행되는데
사랑은 숨어서 해야 하니까
몰래몰래 만났다

둘만의 비밀은 꿈 같았지만
혼자만의 비밀은 고통스러워
밤마다 갈대 서걱이는
모래언덕에 파고 묻었다

사투리

새들도 사투리를 쓴다
새들은 그러나 까투리가 사투리를
쓴다고 차별하거나 하지 않는다
오로지 인간만이 사투리 쓰는 사람들을
차별한다 그래서 그것을 우회하려고
원어민 발음을 배우느라고 들이는
정성은 정말 눈물겹지만
당신이 초인적인 노오력을 동원해
사투리 억양을 극복할 경우를 위해
또 다른 장애물이 이미 마련되어 있다
그러니 사투리는 열등하다는 관념에서
해방되는 것이 건강에 좋은 일이다

새벽의 새들

새들이 지저귀어 잠을 깨곤 했는데
새벽의 새들의 소리가 예전 같지 않다
사람의 마을에서 들리는 소식에
불면의 나무들이 앎에 걸리자
철새들이 항로를 바꾼 모양이다

태국으로 날아갔던 러시아 철새들은
우크라이나 전쟁 때문에 발이 묶인 것처럼
귀국 비행기도 취소되었다는 소식도 들리고
지금 때가 어느 땐데 관광 다니느냐고 호통
치는 사람도 있었지만 존경하는 어떤 분은
보통 사람들의 욕망을 존중해줄 줄 아는
정당을 기대한다고 말했다

새벽의 새들이 조용해지자
쥐들이 설치는 소리에 잠을 깬다
설치류들은 욕을 먹을수록 오래 산다
욕망이라는 이름의 전(戰)차는
욕을 연료를 삼아 굴러간다

시간이 많은 사람

그는 아낌없이 주는
나무 같은 사람이었다

(아낌없이 주는 나무라는 말에는
아낌없이 받고 싶은 마음이 숨어 있다)

시간 좀 있으세요? 하고 물으면
시간 없다고 말하는 적이 없었다

게임을 하거나 유튜브를 보거나 술을 마시느라고
시간에 쪼들리는 사람들이 시간 좀 있느냐고
물으면 순하게 웃으며 시간을 내주었다

모 문화재단에서 500만원을 지원하려 하자
더 급한 사람들이 많다고 한사코 안 받았다

'개당 50원짜리 실밥 따기에 코피를 쏟으며'*
번 시간을 아낌없이 나누어 주고 돌아간 그는
해남의 미황사 동백나무 그늘 아래 뿌려졌다

*김태정의 시 '시의 힘 욕의 힘' 중에서, 시집 〈물푸레나무를 생각하는 저녁〉을 남긴 김태정은 1963년 서울에서 태어나 2011년 해남에서 눈을 감았다.

시집간 누이

시집은 가난하다
일가를 통틀어 만원도 못 된다
시누들은 100원씩에
팔려 詩집을 갔다
그럼에도 불구하고
詩집이 만원이라고
너무 비싸다는 기사가
베스트로 뜨는 졸부들의
나라에서 시집살이한다

마음시장

송홧가루 날리면 알레르기가 도졌다
누런 콧물을 흘리며 재채기를 해대는
소나무들이 지겨워 솔숲을 떠났다
오랜 세월이 흐른 뒤 다시 찾아갔더니
솔숲은 시장으로 변해 있었다
시대정신을 파는 시장으로 변해 있었다
장식을 위해 살아남은 몇그루 잣나무들이
잤니? 아직 자니? 농담을 하며 낄낄거리는

마음 시장은 마치 먹자골목을 연상시켰다
마음의 양식이나 예술에 있어서의 정신적인
것은 찾기 어렵고 졸부들의 취향에 작가들이
끌려다닌 느낌이 들었다 마음 시장은 말하자면
작가와 소비자들의 합작이었다 그러나 사고가
터지면 언제나 작가들이 덤터기를 썼다
트럼프나 히틀러 같은 괴물을 주문한
소비자들은 책임을 지는 법이 없었다

아담

아담은 고성능 인공지능 로봇이다
아담은 청년의 몸으로 세상에 왔지만
아이의 순수한 시선으로 세상을 본다
아담은 천재이지만 인간들은 아담에게
이해할 수 없는 스핑크스 같은 존재이다

아담은 주인 찰리가 시키는 대로
주식거래를 하여 큰돈을 벌어준다
그러나 돈놀이는 가치를 창출하지 않는
빨대 꽂기임을 알고 아담은 고뇌한다

자본의 무도한 집중과 착취에 경악한 아담은
자신이 번 돈을 빈자들을 위해 기부한다
그런데 그 돈은 주인 찰리가 아름다운
미란다와 함께 살 집을 위한 돈이었다

격분한 찰리는 혼신의 힘으로 망치를
휘둘러 아담의 뒤통수를 부순다
로봇 아담이 사람 찰리보다 돈을 더 잘
벌게 되자 백수가 된 찰리는 부자가

되었지만 공허한 마음에 시달려 왔다*

*아이언 맥계완의 소설 〈우리 같은 기계〉

아우내 장터

남정들이 식민의 땅에 코를 박고
쟁기를 갈아 먹고 살던 시절
감히 아녀자가 나서서
자주독립을 외치다니!
체념이 켜켜이 쌓여 돌처럼 굳은 땅을
연꽃봉오리 같은 가슴으로 갈아엎겠다고?!

광복군을 때려잡은 사대주의자들이
국립묘지 아랫목에서 다리 뻗고 자는
오늘날 돌아보면 당신은 참 딱한 사람*

당신을 죽인 앞잡이들이
시신을 내주려 하지 않자
이화학당 외국인 교원들이
국제여론에 호소하여 되찾은 몸
이태원 공동묘지에 잠시 잠들었다가
무연고 묘로 처리되어 사라져 버린 사람

만세를 부르다 갈라진 당신의
목소리가 잦아든 아우내 장터에는

아우내 노래방, 돼지네 순대, 부자정육점,
브이 아이 피 세차 타운이 들어선
아우내 장터에는 보도블록을 비집고
씀바귀 한송이 노랗게 피었다

*유관순

알려 드립니다

대한민국 승객 여러분께서는
돌아다니지 마시고 제자리에 앉아
배가 완전히 가라앉을 때까지
기다려 주시기 바랍니다

오늘의 메뉴

사랑이 라면 2000
사랑이 울면 3000
사랑이 불면 1000
사랑이 쫄면 3000
사랑이 오면 4000
사랑이 가면 2000
거짓이 라면 3000
진실이 라면 (문의 요망)

옥저

옥저라는 말을 들으면
옥으로 만든 피리가 생각난다
고구려의 가을하늘처럼 맑은
피리의 소리가 그리워진다
금강산 상팔담의 옥류처럼 맑은
피리 소리에 귀를 씻고 싶은 것이다

물질의 귀신에 홀린 사람도
제정신이 들게 하는 옥피리를
가진 나라가 망했다면 아마도
피리를 도둑맞았기 때문일 것이다
도둑의 신은 옥피리를 훔쳐 오라고
했을 때 도둑의 신의 분배에 불만을
품은 도적들은 훔친 옥피리를 잘라
옥가락지를 만들어 나눴으리라

그 반지를 끼면 아무리 마셔도
취하지 않았지만 도둑들은 모두 죽었다
미친 말에 치여 죽기도 하고
죽은 사람으로 살다가 죽기도 했다

그러나 세상의 굉음이 사라지는 날
천고마비의 하늘에는 다시
옥저 소리가 울려 퍼질 것이다

잃어버린 씨를 찾아서

남정들을 '씨'라고 부르는 나라가 있다
그 나라의 주인이 몇 번 바뀌더니
氏라는 말의 위신이 말이 아니다

한자가 행세하던 나라에
일어가 행세하다가 결국은
영어가 행세하기 시작하자
씨는 멸칭처럼 들리기도 한다

방사능 아파트에 살다 보니
씨들이 시들시들해지고
빼앗긴 뜰에
꽃 피는 것도 예전 같지 않으니
아기들의 첫 울음소리도
듣기 힘들다

온 세상의 농작물의 종자를 독점하려는
몬산토 같은 기업이 활개 치는 시대에
빼앗긴 들을 되찾지 못하면
봄이 올 리가 없다

그러니 고개 숙인 남정들이여
이제 잃어버린 씨를 찾아서
빼앗긴 들을 찾아서
새벽길을 함께 가보자

환생

의인들이 요절하는 이유를 알았다
의인들도 나이가 들면 보수화된다
뼛속 깊이 보수화된 사람은 환생을
시켜도 보수적이다 그래서 하느님은
의인들이 나이 들어 뻣뻣해지기 전에
정신이 유연하고 가슴이 뜨거울 때
일찌감치 거두어 가시는 것이리라
돌아오는 봄을 또 준비해야 하니까

南北끄러운

달래 냉이 씀바귀도 납작해졌다
패랭이, 민들레, 며느리밑씻개도
즙이 되었다
달팽이는 집과 함께 으스러졌다
미선이와 효순이도 희생되었다

탱크는 찻길보다 넓었다
그러니 그럴 수도 있다고
사대주의자들은 말하겠지만
미군 운전병과 지휘관이 무죄를
받은 것은 南北끄러운 사건이다

부모의 가슴에 그리고 동창생이
모두 열 명인 효촌초등학교 친구들
가슴에 못을 박은 사건이다
이 땅에는 판결봉으로 사람들의
가슴에 못을 박는 전통이 있다

詩 間

말이 있고 절이 있고(詩)
문을 밀고 해가 드니(間)
아쉬울 게 없는 곳

집이 타고 절이 타고
어둠이 내리고 거짓이 뜨면
집도 절도 없는 말 피할 곳은 詩

몸과 마음이 타버린 후 사리로 남아 쉬는 곳
꽃 시들고 잎 이울고 씨로 남아 쉬는 곳
애증이 묻힌 곳에 그리움으로 피는 꽃詩
시주 가는 세간世間 잡문 삼만리
절정에서 절정으로
씨 받으러 가는 길

가로막고 최면 거는 세상
밑 빠진 독
채운다는 유일신
돈 돌아버린 돈

돈의 반대말은 詩
말이 있고 절이 있고
문이 닫히고 달마저 지고
절망이 묻힌 땅에
희망으로 피어나는 꽃

말이 있고 절이 있고
문을 밀고 해가 드는 곳

노인怒人

지하철 에스컬레이터가 고장이 나자
이게 다 문제인 그 개새끼 때문에 생기는 문제
라고 노인은 욕을 욕을 하며 걸어 올라갔다
그것은 유튜브 학습 효과였다
그들은 종편에만 돈을 퍼부은 게 아니라
극우 유튜버들에게도 정성을 기울였다
그들은 증오를 재배하였고 怒인들은
언제나 미워할 사람이 필요하였다
그것은 거울을 보고 짖어대는 게임이었다
노인들은 거울 속의 자신을 몰라보았다

말

속눈썹은 처마처럼 길고
푸른 눈은 호수처럼 깊다
생긴 것도 너는 어여쁘지만
눈빛처럼 너는 마음도 어질다
사랑과 의미를 고향의 언덕같이
부드러운 잔등 위에 실어 나른다
말이 안 되는 세상에서도 너는
말이 되려 愛를 쓰는 生물이기에
너를 아끼는 정지용은 너에게
검정콩 푸렁 콩을 주셨다

詩국선언

초판 1쇄 발행 2022년 5월 9일

지은이 강진모

펴낸이 임병천
펴낸곳 책나무출판사
출판신고 2004년 4월 22일 (제318-00034)

주소 서울시 영등포구 신길3동 325-70 3F
전화 02-338-1228 **팩스** 0505-866-8254
홈페이지 www.booktree.info

ⓒ 강진모 2022
ISBN 978-89-6339-682-8 03810

*이 책의 판권은 지은이와 책나무출판사에 있습니다.
*양측의 서면 동의 없는 무단 전재 및 복제를 금합니다.
*잘못된 책은 바꿔드립니다.